Pierre Thiry ne peut pas s'empêcher d'écrire. Il est « écriveur » ou chercheur d'écrits comme on est chercheur d'or. Il anime régulièrement des ateliers d'écriture. Si vous souhaitez connaître son programme, participer à des séances ou monter un groupe ou proposer un atelier d'écriture près de chez vous, consultez son site internet.

Il est auteur de la « **Trilogie des Sansonnets** » qui comprend « **Sansonnet sait du bouleau** » (BoD 2019), « **Sansonnets aux sirènes s'arriment** » (BoD 2018) et « **Sansonnets un cygne à l'envers** » (BoD 2015).

Il a également publié des romans « **Ramsès au pays des points-virgules** » (BoD 2009) et « **Le Mystère du pont Gustave-Flaubert** » BoD 2012), des contes pour enfants « **La Princesse Élodie de Zèbrazur et Augustin le chien qui faisait n'importe quoi** » (BoD 2017) illustré par Samar & Hani Khzam, « **Isidore Tiperanole et les trois lapins de Montceau-les-Mines** » (BoD 2011) illustré par Myriam Saci. Titulaire d'un Master en Sciences Humaines et Sociales et d'une maîtrise en droit, il s'est formé à l'animation d'ateliers d'écriture auprès du CICLOP (Centre Interculturel de Communication, Langues et Orientation Pédagogique – Paris).

Suivez son actualité sur internet :

http://www.pierre-thiry.fr

https://pierrethiry.wordpress.com

https://www.facebook.com/PierreThiry.auteur/

Sois danse au vent
Quatre-Vingt-dix sonnets
(et quelques rondeaux)
par
Pierre Thiry

2020

Les quatre-Vingt-dix sonnets de ce recueil sont présentés chronologiquement dans l'ordre de leur écriture[1]. Ils sont de l'année 2020. C'est ce qui explique le « V » majuscule à l'intérieur du nombre « quatre-Vingt-dix ». Ils esquissent une mince « tranche de vie », une simple année vingt.
Certains se sont déjà fait connaître par une lecture à voix haute, sur internet, dans une « websérie » intitulée **#UnJourUnSonnet** (vidéos publiées quotidiennement de Mars à Mai 2020). Mais beaucoup d'entre-eux sont ici présentés pour la première fois. Je leur ai adjoint **quinze rondeaux** destinés à illustrer des néologismes, créés arbitrairement par moi-même en dilettante (saura-t-on jamais si j'ai fait œuvre utile ou futile ?).
J'ai eu envie de partager les ouvertures infinies que peuvent susciter ces formes d'écriture brèves... Brèves à lire en laissant flotter leurs sens, allégeront-elles ton esprit, dans l'espace d'un temps créateur de sens et de rêves ?

---

1   Seul, le sonnet du 5 Mars fait exception à cette règle. Il se réfère à un événement s'étant déroulé le 5 Mars mais il a en réalité été écrit le 7 Mai 2020.

Prélude

Cas trop vains ? dissonaient-ils cactus ?
Leur bruit vint des rythmes s'écraser
Dans ce moule imprimable à phraser,
Par hasard griffonnés sans rictus.

L'expérimentateur délabrait
Leur asymptotique à son tactus,
Recyclé parmi les détritus
Où vive une danse palabrait.

La campagne endormie s'éveillait
Dans l'aube qu'un lecteur surveillait
Corrigeant son rêveur prospectus.

C'est à peu près ainsi que naquirent
Quatre vingt dix sonnets : ces lapsus
Qui flottaient, dissonaient, repartirent...

1 Sur une île...
17 Janvier 2020

Je me sens totalement libre
J'erre et découvre l'oeil hagard,
Un galet qui, superbe hasard,
Semble écho de ton âme qui vibre...

Il y a treize ans sur une île
Peuplée de rocailles et de vent,
Naufragé, j'échouais savant
Baigné par ta chanson subtile.

Du rocher vide où les tempêtes
Hargneuses jouaient leurs trompettes
Tu as surgi, Vénus dorée.

Notre idylle fut rousseauiste,
Tu romançais, habile artiste,
Sculptant l'air, espiègle adorée.

2 Chaque nuit...
Mardi 21 Janvier 2020

Un écureuil bavarde sous le soleil rouge
Le soir tombe et Phébus chute sous l'horizon.
Il rougeoie car il est vexé non sans raison,
La Lune brille, le ciel s'obscurcit, rien ne bouge.

Les insectes du jour sont partis roupiller
Les fleurs s'endorment courtisanes, l'air rêveur.
Le soir exubérant multiplie ses saveurs,
Les galaxies accourent prêtes à piller...

À piller la lueur de Madame Lune,
Houspilleuse elle refuse et là-haut chacune
Des étoiles brandit sa truculente torche.

Tandis que les hiboux flânent à tire-d'ailes,
Jusqu'à ce que Phébus ouvre à nouveau son porche,
C'est ainsi chaque nuit que tournoient les chandelles.

3 Franz Schubert paparazzi[2]
24 Janvier 2020

J'étais simple paparazzi
Elle était superbe à entendre
Son chant était céleste et tendre
Dans le parc des Esterhazy.

J'ai tout noté sur mon carnet
Sa voix si charmante à entendre
Sa démarche dansante et tendre,
Coeur foudroyé je griffonnais.

Haletant j'lai prise en dictée
L'âme enflammée déchiquetée
Au château des Esterhazy

Elle était divine à entendre
Sa voix était céleste et tendre
J'ai tout noté... paparazzi.

---

2   À propos d'une mélodie hongroise entendue par Franz Schubert en septembre 1824 au Château des Estherazy.

4 Ce mécanisme...
Samedi 25 Janvier 2020

Ce mécanisme est enchanteur
S'exclame une dame iconique
Admirant l'orgue mécanique
Qui s'accompagne d'un chanteur.

La dame écoute leurs ramages,
L'allure étrange du rouleau,
Qui tourne à l'ombre du bouleau.
La beauté de ses engrenages.

Cet orchestre imprévu répète
Du Mozart : cette œuvre complète
Où Don Juan boit du Champagne.

La dame sourcille circonflexe
Au bruit qu'un chanteur accompagne
Automatique mais complexe.

5 Le chien fuit...
Mardi 28 Janvier

Le chien fuit quand le chat rugit
Le chat rigole aux chants des merles
La Marquise éparpille ses perles
La tempête énervée mugit.

Napoléon III se pavane
Les invités bafouillent surpris
La fête à Compiègne est sans prix
Quand s'engouffre la caravane

Des danseuses sur un fox-trot
Évoquant l'étonnante grotte
D'Ali Baba et ses six chats.

Le temps file et la danse aussi
L'empereur a l'air mal assis
Son coussin n'est autre... qu'un chat.

6 En tricotant trois rien

Elle efface les larmes
En tricotant trois rien
Sur un rythme terrien
Effaçant nos alarmes.

Elle éblouit mais charme
En renouant ses liens
Métissés Brésiliens
Son geste est sa seule arme.

La samba nous anime
Sa couleur nous ranime
Dissipant nos alarmes

En syncopant trois riens
Sur nos gestes terriens
Son rythme est sa seule arme.

7 L'Hypotypose
6 Février 2020

L'Hypotypose attend le signal du fanal,
Sortilège affreux paralysant sur ses rails
Le tramway: monstre antique immobile en ferraille ;
Tableau saisissant au crescendo peu banal.

Le conducteur, héros flegmatique, a pressé
La manette actionnant le frein, plus rien ne bouge.
Le convoi vers l'école avançait... un feu rouge
Paralyse, insupportable, l'engin pressé.

Le tableau est glaçant, il ne se passe rien,
Le monstre antique est congelé comme un saurien,
La lanterne écarlate l'hypnotise, horrible.

La ferraille veut se libérer, ronge son frein.
Bouge de là, bouge de là ! ...ce vieux refrain
Que chante un klaxon accroît son drame terrible.

8 L'arbre est patient...
10 Février 2020

L'arbre est patient et l'herbe verte
Le miel est là, la table attend.
L'aurore brille, le temps s'étend
La cuisine a sa porte ouverte.

Le petit-déjeuner superbe
Sous l'arbre est prêt dans le jardin.
Le soleil brille, l'arbre est badin,
Cet adjectif n'est point acerbe.

La table soutient la théière
Les tasses et la cafetière.
L'arbre est patient dit un proverbe.

Et rien ne le peut contredire,
L'adjectif suffit à le dire,
Sans le secours du moindre adverbe.

9 Le Choix d'Aphrodite
14 Février 2020

Dans les couloirs du métro la tendre Aphrodite
Se promène intriguée par toutes ces couleurs...
Ces cœurs qui tournoient en mille tons racoleurs,
Pauvre répétition cent fois dite et redite.

Le commerce humain radote et l'Olympe est loin.
Cent-mille affiches clignotent dans la lumière
En hurlant, proclamant, bégayant, sans manière,
Que la Saint Valentin ne serait plus très loin...

Nos grands industriels pour la fête ont conçu,
Des tas de bidules plein de cœurs par dessus,
Encombrants bibelots coûteux d'ancienne mode.

Plutôt que toute cette absurde camelote,
Pour la Saint Valentin Aphrodite complote
D'offrir un bouquin (de sonnets) souple et commode...

10 Le joueur de flûte
Vendredi 14 Février 2020

Les rats fusaient dans la cabine,
Horrible aurore obscur dimanche.
Un virtuose en avalanche,
Tordant ses féroces babines

De musicien hurle féroce.
D'un air de flûte il débarrasse
Le pont que la troupe embarrasse.
Les rats sans grades ni carrosse

Vont jouer les envahisseurs
Chez Neptune et ses flots farceurs.
La mer en rigole agitée.

C'est ainsi qu'un joueur de flûte
Devint amiral par la chute
D'un troupeau de fans excités.

11 Ce type est un flâneur
Vendredi 14 Février 2020

« Ce type est un flâneur très peu pratique,
Randonneur du vide, étrange usager. »
Notre étonnant voisin faisait jaser
Notre hôtelière au verbe âpre et caustique.

« Ce drôle est plus démodé qu'un nain jaune,
Il n'est jamais allé à Disneyland,
Mais d'un pied de tulipes de Hollande,
Il pourrait extraire un sous-marin jaune !

Il doit fréquenter des épicuriennes
Des polygraphes, des fées parisiennes.
Cet homme est un bricoleur touristique,

Embobineur, décoiffé, mal rasé ! »
Fulminait-elle en langage embrasé,
Tout en frottant sa table à l'encaustique.

12 Artiste
Samedi 15 Février 2020

Elle est artiste admirable ivre de lumière
Elle puise en l'humus de quoi cuire un miroir
Elle pétrit, mélange, arrange son terroir
Enflamme et colore en poète une âme fière.

Plonge en l'armoire, en récolte un roman fugace.
Cisèle en dentelles ses rythmes de matière,
De leur choc surgit parfois l'étincelle altière
Qui fleurit merveilleuse au sein d'un bloc de glace.

La fleur en l'azur se mue en rosée soyeuse
Le roman des masures coule en perle oiseuse,
Offrant dans ses couloirs un labyrinthe ornière,

Elle pétrit l'argile avant les joies du soir
Elle écoute et note un rêve qu'on voit s'asseoir,
Sur la table de nuit, dans un coucher de lumière.

13 Extincteur de lumière
Mardi 18 Février 2020

Fanatique il frappait l'extincteur sans idée :
« *S'ils t'éblouissent trop tu bousilles leur ampoule,*
Tu matraques leurs trucs, et ça croustille, ça croule,
Leur mobilier urbain à laideur débridée !..

Vas-y ! leur lampadaire est une grosse enclume...
On est des métallos, on est des forgerons,
Moissonneurs du faubourg, avides vignerons,
D'un vin dont l'obscur est la vigne, ; on nous allume,

On percussionne, en rythme, en secouant la boule.
Désossons leur réverbère il faut que ça coule.
Notre absinthe on la puise aux ferrailles liquidées

Délinquants, désingueurs, abrupts aliborons,
Dans les rues qui ferraillent, on est des forgerons
Éteignoir de lampions à l'opiniâtre idée. »

14 Carnaval
21 Février 2020

N'oublie pas ta samba,
Toi l'illustre qui danse
Et qui rythme la chance,
Qui surgit de là bas,

D'une musique heureuse
Qui jaillit des couleurs
Des corps caracoleurs
À l'humeur chaleureuse.

Quand ta danse détourne
La nostalgie qui tourne
En suivant la cadence

Au rythme des radieuses
Des foules merveilleuses,
Ton rêve chante et danse.

15 La Danse est un roman
28 Février 2020

Ponctuée d'enjouement,
Palpitante aventure,
Rythme qui transfigure,
La danse est un roman...

Cadencée d'engouements,
Modelée par vos gestes,
Joyeux légers célestes,
Souples chamboulements.

La danse est un miracle,
Qui éblouit l'obstacle.
Danseuse en scintillements,

Charmeuse par culture,
D'un geste, sans rature,
Cadence nos romans...

16 Savoureux chenapan
Mardi 3 Mars 2020

Savoureux chenapan
Amateur d'élégance
Ponctueur de cadence
Dont l'esprit va grimpant

Malaxe ici tes guerres,
Exprime aussi l'éclat
Que ce combat racla
Dans les champs de naguère.

Symphonies démentielles
Des rues superficielles
Aux furies infernales.

De ta mémoire obscure
Puise en désinvolture
Ces vies originales...

17 Insolite aventure
au conservatoire de Rouen[3]
Jeudi 5 Mars 2020

Insolite aventure au détour d'un couloir,
On accroche une plaque avec mon patronyme :
« Louis Thiry » sur la pancarte toponyme
D'une salle de cours dans un conservatoire...

« —Petit dis-moi donc, ton papa que faisait-il ?
« —Du souffle articulé sur des orgues-joyaux.
« Il transmettait l'air des claviers jusqu'aux tuyaux
« Qu'il rajeunissait, en rythmant d'un art subtil.

« Il faisait danser des noms au charme infini :
« Jan Pieterszoon Sweelinck, Nicolas de Grigny,
« Louis Couperin, Correa de Arauxo,

« Frescobaldi, Guillaume-Gabriel Nivers,
« Olivier Messiaen et tant d'autres si divers...
« Éphémères toponymes paradoxaux... »

---

3 Le jeudi 5 Mars 2020 une salle portant le nom de mon papa Louis Thiry (1935-2019), musicien et professeur d'orgue, était inaugurée au Conservatoire de Musique, Danse et Théâtre de Rouen. Ce texte a été écrit le 7 Mai 2020 pour la revue musicale et artistique « Orgues Nouvelles » de Juin 2020. J'ai par ailleurs rendu hommage à mon papa dans mon recueil intitulé « Sansonnet sait du bouleau » BoD, 2019.

18 Le Musicien
Vendredi 6 Mars

Un musicien est artiste, agile,
Sans être un savant calculateur.
Il est chercheur, envol, auditeur,
Cultivant sa justesse fragile.

Il est rythmicien rêveur et vif
Explorant dans son labyrinthique
La matière à danser poétique
Qui invite à ce choix décisif.

Choisir d'être un simple explorateur,
Cultiver l'art d'être admirateur,
Virtuose exercé mais candide.

Refusant l'étroit calculateur
Choisissant d'être un innovateur,
À l'enthousiasme infini, splendide.

19 La vie va...
mardi 10 Mars 2020

De l'amour aux ménagements
La vie va, contournant l'ivresse
Rêve ici navire en détresse
Emplis tes déménagements.

Des rêves d'Ève se reflètent
La sève anime l'arbre vert
Dans l'étang tout est à l'envers
Les rimes d'allures replètes,

Illégalement broutent l'herbe
Du champ de François de Malherbe.
Ta vie va, navire en détresse,

Emplis tes déménagements
De l'amour aux ménagements
Rêve ici graveur sans paresse.

20 Sur terre...
Samedi 14 Mars 2020

Sur terre en rythme où dansent les terriens
La lune invisible rend le ciel veuf
Et trace à son insu le tableau neuf
D'un nuage imprévu n'ombrageant rien.

La mouche est là, moissonnant son café
Sur les bords d'une tasse à explorer
Un griot lance un air vaste à pleurer
Que ses phrases dessinent décoiffées ;

L'épopée de la lune qui s'enfuit,
Les nuances de l'aube qui s'ensuit
Et la danse en bas d'étonnés terriens.

Leurs pas sont les larmes de l'azur veuf
Ils tracent l'allure des rythmes neufs
D'un nuage blanc qui n'obscurcit rien

21 Fracture
Samedi 14 Mars 2020

Quel est ce dessin sur la façade,
Ruine admirable aristocratique ?
Juste un parchemin bureaucratique ?
Quelle est cette écriture en torsade ?

Quel est ce silence de virgules,
Ce parfum ténu de chèvrefeuille,
Cet espace imprévu sur la feuille,
Ce souffle essoufflé sans point-virgule ?

Quel est ce lierre extraordinaire
D'un manoir de famille ordinaire
Qui joue sur ses murs sans courbatures ?

Ce reflet qui fracture un mirage,
Cette fossette du paysage
Éclabousse-t-elle tes ratures ?

22 Samba
Samedi 14 Mars 2020

Ce nuage imprévu n'obscurcit rien
Il trace à son insu des rythmes veufs
D'une danse ouvrant des lendemains neufs
La samba vivifie l'esprit terrien.

La fête est là où fuient les angoissées
Sur les bords d'une tasse à explorer
Quand le rythme que l'on sent effleurer
Convoque les allures décoiffées.

La samba gagne et la tristesse fuit,
Dans le rose de l'aube qui s'ensuit,
Quand son rythme s'anime épicurien.

Elle efface les larmes du ciel veuf,
Dessinant les vigueurs d'un rythme neuf.
Le nuage dissipé n'est plus rien.

23 Sans rythmes de samba
Jeudi 19 Mars 2020

Sans rythmes de Samba
L'univers devient triste
Un désert, une piste
Grincheuse : un Alaska.

Car si la terre est ronde
C'est grâce à l'impalpable
Des danses ineffables
Qui polissent le monde.

Si la Roulette-Russe
Du Coronavirus
Nous confine ici bas.

Lointain clignote et brille
Un rythme qui scintille :
Des échos... ...de Samba...

24 Coronavirussade[4]
Dimanche 22 Mars 2020

Bravé, Confinement a construit sa barrière
Obstacle insurmontable à Coronavirus.
Réputé pour être un horrible olibrius,
Le gredin avance, attaque et rebrousse en arrière.

Les confinés enfermés sont inatteignables
Coronavirus essaie de se déguiser,
Se travestit en ganache, essaie de ruser,
Mais Confinement a des armes redoutables.

Confinement a lu l'Iliade et l'Odyssée.
Cette ganache, il sent qu'elle est déguisée.
Armé d'un microscope et d'un bel attirail

Confinement dissèque en morceaux la ganache.
Coronavirus démasqué à coups de hache
Va-t-il réussir à s'enfuir en autorail ?

---

4 Pour une explication de ce néologisme voir le rondeau de la page 102.

25 Confinement
Lundi 23 Mars 2020

Le pauvre confiné s'illustre dans l'hommage
Rudes rumeurs d'écran dévalant dans l'oreille
Des mots qui tournent sur eux-mêmes qu'il surveille
En clics d'ordinateur qu'on peut boire en breuvage.

Jours où le confiné veut pondre sa copie
Dehors sous la brise se balance un rosier
Le soleil incandescent nourrit son brasier
Et les oiseaux joyeux chantent avec ironie.

Jours où le confiné parle avec sa théière,
Espiègle ouvrage tourné par une potière
Ailleurs sans doute confinée sous ses abris.

Jours où le confiné grave un livre du vide
Chaque page y est encore à l'état liquide :
Livre-aquarium où évoluent quelques débris...

26 Crépuscule obscur
Lundi 24 Mars 2020

Crépuscule obscur on évite tes terreurs.
À l'heure où jaillissent tes mots prends tout ton temps.
Des couleurs surgissent soudain, tons du printemps,
Les vastes yeux du ciel se tournent vers les fleurs.

Désir d'écrire : un réflexe faramineux
N'alimente plus guère en farce les courgettes
Que le poète au marché, admire en cagettes
Leur sens est plus riche, obscur ou bien lumineux,

D'une pointe qu'on veut graver car elle enchante,
Du geste d'une danse ou d'un air que l'on chante.
Oh crépuscule obscur on veut fuir tes terreurs.

Leur sens est plus riche, obscur ou bien lumineux
Le désir d'écrire est geste faramineux,
Les vastes yeux du ciel se tournent vers les fleurs.

27 Le Couronné du Navet Rosse
Mardi 24 Mars 2020

Sur le pont du navire on s'enfièvre on s'amuse,
L'équipage achève un festin bien arrosé.
Fruits de mer, pièces montées, nouveau vin rosé.
Bruits de verres qu'on choque et Champagne qui fuse.

Ils couronnent Don Juan du titre ronflant,
De prince hérissé couronné du Navet Rosse,
Pour avoir sauvé la nef d'un danger féroce,
Grâce à sa cornemuse au soufflet regonflant.

Tout le monde craignait dans la mer généreuse,
La soif du Navet Rosse immense et dangereuse.
Car l'assoiffé féroce est un monstre inlassable...

D'un seul coup de soufflet, Don Juan l'héroïque
Rimeur a secouru le navire stoïque.
Sa cornemuse a dégonflé l'ogre insatiable...

28 Vermoulu
Mardi 24 Mars 2020

Vermoulu j'entrevois la féconde
Aux secrets surgissant qui chantaient
Les rues à la parole faconde.
Échos des souvenirs qu'enchantaient

Ces publics amateurs qui mouvaient
La critique enrubannée, errante...
Impartiale... hésitante... ils causaient
Rupture et musique extravagantes.

L'évidence brochait de l'espoir
Nécessaire aux plis du désespoir
Reprise imagée mais tragique.

Le lointain surprenait le hâtif
Qui croquait en désordre un motif
Où l'urgence imprimait sa logique.

29 L'oeuvre
Mardi 24 Mars 2020

Ici je répugne au séparable
Au logis consistant en feuillages
À grand frais détachés des branchages
D'un arbre imposant puis misérable...

La rétine imagine et imprime
L'affichage allumé discutable
Trop lisible et trop indiscutable
Sur l'écran c'est le rythme qui prime.

Rutilant s'extrait un bizarre
Bucolique aussi vert qu'un lézard :
Fantasmagorique adulateur.

Tout s'écrit collégial aux hasards
Des élégants dandys maquisards
Fantasmant l'hostile usurpateur.

30 Déploiement
Mardi 24 Mars 2020

D'instinct je reviens au déploiement,
Du parfait connaisseur de l'empire.
L'écrivain merveilleux Shakespeare
Un prodige amusant élégamment.

L'allégresse inspire à l'or liquide
Le détour effronté d'occasion
Musicale en fluviale évasion
Le soustrait c'est l'ondoyant limpide.

Amorti fulmine un choix lyrique
Immortel aussi vieux qu'onirique
Symphoniquement fort pittoresque

Tout s'achève encanaillé à l'heure
Péremptoire aux arts mauvais joueurs
Négligeant le rythme picaresque.

31 Synonyme disparu
Mercredi 25 Mars 2020

Grinçant je recherche un synonyme
Tâcheron fatigué du lexique
Perdu paraît-il même au Mexique
Acteur caché furieux anonyme

Le langage est vestige esquivant.
Son mobilier trop mobile évite
L'admirable ruine qui hésite
À danser d'un vertige estivant.

Son décor s'empoussière au soupçon
Qu'un verbe ait pu mordre à l'hameçon
D'un chasseur de coquilles savoureuses.

Perceptible une usure amenuise
Et froisse un vocable où s'introduisent
Les pleurs des tragédies cafouilleuses.

32 L'Ouvre-Ombrelle
SOnnet MythOlOgique s'Originant en « O »
Jeudi 26 Mars 2020

Ô Olympienne Oréade ornant l'oubliable
Oliveraie orchestre, ondule à nos oreilles
Oralement l'ode où l'ostrogoth ôte-oseilles
Outragea orgueilleux l'ouvre-ombrelle orientable.

Ô Olympienne ouvrant l'orbe oenographilie
Oui, l'optimiste Odin ourdit l'ostentatoire !
Outrant l'oppressif ouvre-outil opératoire,
Outrepassant l'ordinaire oripeauphilie !

Ostrogoth ogre Odin ondule, oriente, oscille
Outre opère outrancier, oxygène ossifie,
Outrage ostensible oppressant l'oriflamme or.

Ouvre-ombrelle opiniâtre offre ortie ordinaire...
Ostrogoth outrecuidant oscille...oh... ornière
Océanique opprobre, ouvre-ombrelle oxymore...

33 Salle de danse
Vendredi 27 Mars 2020

Fête et danse éblouissante
Rythme entraînant ravivé
Corps assoupli entraîné
Puis.. ...queue de poisson sciante...

Sirène entre quatre murs
La danse est réduite au silence.
Se souvient, pure conscience,
D'écho de pas en rythmes sûrs.

Souvenir simple et feutré
Échos jaillis du feu très
Pétillant des sambas vives.

Ta salle est vide, un miroir
Silencieux reflets d'or ou art ?
Ah !... samba, tu te ravives !

34 Aube absurde
28 Mars 2020

Aube absurde aux arbres nus d'un style illisible,
Si parmi tant de bruits tendres et chaleureux,
Rien ne change en ton cercle est-ce en cloîtré peureux
Que ton fervent hasard se fera traduisible ?

Tu t'occupes du monde aux moments chérissables
Où l'étonné rêveur cherche en original
Avec joie byzantine un soupçon machinal
Qui s'exprime archétype en sonnets périssables.

Aujourd'hui, aube absurde, épanche tes détails,
Déteste le courtois qui se masque d'écailles,
Tel un caméléon fatigué de séduire.

Le théâtre qui glace d'effroi le critique
Pour le pilastre antique est un chiffre électrique.
Son langage évolue, impossible à traduire.

35 Dictée prisme d'imprévus
Lundi 30 Mars 2020

Répète, éprouvante dictée !
J'entends : « le silence essaie tout »
J'écris : « le sot glisse et danse où
Ton or, tôt, graphe éthique hâtée. »

Colore ici l'aube aux couleurs
Des prismes d'imprévus hasards,
Effets d'arpège des nasards
D'un orgue au clavier rémouleur.

Valeur hissée, daube en douleurs,
D'un ordre aux clapiers dérouleurs,
Je tends le silence et c'est tout.

Répète, émouvante dictée,
Ton orthographe étiquetée.
J'entends ta scie tancer ses loups.

36 Rêve ouvert un soir[5]
Mardi 31 Mars 2020

Tout esprit est musique
Il nous suffit d'ouvrir
Nos sens au souvenir
Du ruisseau d'or magique.

Il n'est pas trop tard pour
Cueillir une seconde
Ce ciel qui rythme l'onde,
Il rime un vieux retour

Du rêve ouvert un soir,
Étincelant miroir,
Surgissant d'une flaque...

Rythme et souffle à guetter...
Prends le temps d'écouter
C'est... ...Jean-Sébastien Bach.

---

[5] Sonnet dédié aux musiciens, et particulièrement à Emmanuel Thiry mon petit frère musicien, contrebassiste, jazzman et joueur de Sacqueboute.

37 Vieux faussaire
Mercredi 1er Avril 2020

Ce poisson
Vieux faussaire
Tissait, fier
Sa toison

D'oeuvres garces...
Vieux brochet
Tu lâchais,
Fausse, éparse,

Ta monnaie
Qu'on prenait
Sans compter.

Aujourd'hui
Ton or luit
Esquinté...

38 Un rimeur est toujours...
Jeudi 2 Avril 2020.

Un rimeur est toujours pauvre
Car sa quête est peu rentable,
Détestable ou délectable,
Stable ou instable, elle est pauvre.

Le poète est rarement
Avaricieux en taule.
Son rythme entre ses épaules
Il ponctue très librement.

Il s'énerve obscurément
Et rature carrément
Le vers qu'on aimerait lire :

Celui qui rapporterait,
Placé, la pluie d'intérêts
Qui submergerait sa lyre...

39 Sourire ?
Jeudi 2 Avril 2020

Il entame, il rabote, il reprend, rafistole.
Il explore, il écoute, il entend, s'émerveille.
Il observe attentif, rêveur il se réveille.
Il note et griffonne à la plume son bristol.

Il s'enflamme et s'étonne, en silence il écrit.
Il laisse en lui bouillir l'émotion, la colère,
Son flamboiement mugit d'un souffle peu scolaire,
Il s'indigne, il s'étouffe et libère son cri.

Tous ces bruits dont l'écho vient tonner à sa porte,
Tous ses fruits qu'il voit pourrir sans que ça rapporte,
Le poussent à grogner, à mugir, à hurler.

Sa méthode convertit sa fureur en sauce,
Sourire mijoté par une gaieté fausse,
Une farce explosive et prête à déferler.

40 Légendes reflétées
Jeudi 2 Avril 2020

L'insolent carrousel des danses de l'horloge
Divertit le regard des gamins bondissants,
Quand leur manège irrite avec son rythme usant
Les froissés fatigués que la farce déloge..

Pour qui peut mélomane observer attentif
Le discret mécanisme animant l'atmosphère,
Pour qui saisit les jeux de Chronos dans sa sphère,
Ce spectacle est un jeu qui s'exprime inventif,

Chorégraphe animé par cet art esthétique
Par un théâtre offert au stylo poétique,
Incisif qui entaille et précise en gravures,

Cette peau des vieillards ces rides où se logent,
L'épopée contournée des danses de l'horloge,
Légendes reflétées des bavardes nervures...

41 Sur un rythme de Samba
Jeudi 2 Avril 2020

Danse et réflexe, apprentissage,
Entraînement, répétition,
Rythme assouplissements passion :
La Samba nous ouvre un passage

Vers un horizon généreux
La danseuse en jaillit, sourit.
Sur la foule elle resplendit,
Sourire immense et chaleureux.

D'où surgit ta beauté fantasque
Que ton geste dévoile ou masque
Plus légère qu'un papillon.

Moments de samba partagée
La plume en ressort allégée
Dans l'ivresse d'un tourbillon.

42 Dandy de pacotille...
Jeudi 2 Avril 2020

Il s'attriste en province et découvre et refoule,
Pour elle, et monocle et sourire malicieux.
Ces campagnes sont superbes, ces champs spacieux
Ces villages qui s'endorment déserts, sans foule,

Certes exigent parfois gloire et redingote
Alors vite en dandy, il glisse à mon revers,
Une rose en plastique brillant de travers.
Le pinson étonné, le merle qui ergote,

Commentent sans répit la bancale esthétique
De cet artificiel accessoire en plastique,
Superposent leurs chants, rouspètent en désordre.

Il marche sans monocle et dans son dos, rient, chantent
Ces oiseaux chroniqueurs de mode qui se vantent,
De savoir mieux que lui, du bon goût le bon ordre...

43 Le rythme et la balance...
Vendredi 3 Avril 2020

Méthodique elle assemble et relie ses structures,
Appliquée, concentrée, elle ajoute et construit,
Imagine et regarde, expérimente instruit,
Elle amplifie la rime et la littérature,

En les enrichissant de l'ampleur de son geste,
De son sourire et d'un regard, de son savoir.
Son imagination, fertile réservoir,
Observe, embrasse, assemble, équilibre d'un zeste ;

Le rythme et la balance entraînent la parole,
L'estime et l'excellence où percent : barcarolle,
Ballade et polonaise et valse et puis tango...

Elle écoute, analyse, expérimente un bruit,
Invente un nouveau timbre, il y fleurit un fruit,
Surgissant d'un rythme où l'âme danse à gogo.

44 Rebelle il roule...
Samedi 4 Avril 2020

Rebelle, il roule, enroule, impatient voyageur...
Les prés vont en arrière et les forêts aussi,
Les villages, les bourgs et Paris et Passy,
Vus du train, dans la vitre, où fuit le tapageur...

Balancé dans ses rails, le wagon très rythmique,
Impose sa cadence au pays qui s'en va,
Craintif, en arrière, esquivant Casanova
Qui va, séduit, rime et roule amoureux mécanique.

Il court après la suite en Vénitien pressé,
L'amour avant la fuite, automate oppressé,
Il poursuit sa conquête entêté ravageur.

Il s'enfuit par le train, de Paris, de Passy,
Ses proies vont en arrière et les autres aussi...
Il entourloupe et raille, entôleur arracheur...

45 Et pendant ce temps la mésange...
Dimanche 5 Avril 2020

Et pendant ce temps la mésange est sur sa branche...
Quand madame voyage, exquise funambule,
Très haut perché, très fier, le mâle zinzibule !
Il compose imagine, écrit, retouche et tranche.

Il veut qu'un air étincelant sur l'univers,
Attire à lui la plus belle et la plus espiègle...
Il étudie la rime et ses baroques règles,
Pour séduire une oiselle digne de ses vers.

A capella, perché très haut, il chante il planche,
Jusqu'à ce que l'étoile au coeur palpitant, flanche,
Il travaille âprement, il ne faut pas qu'il bulle...

Sans trêve il imagine, et rythme, ponctue, tranche.
La mésange charmée se perche sur sa branche !
Enchanté, très ému, Don Juan zinzibule...

46 Écouter le chant muet des feuilles...
Dimanche 5 Avril 2020

L'agent de change va demander aux groseilles
Si le soleil enrichit leur valeur, leur goût.
Leur souffle muet réplique au bavard grigou
(Ces fruits-là ne sont pas gestionnaires-conseils).

Écouter le silence étonnant des forêts,
Enseigne au promeneur à ouvrir ses oreilles,
À marcher détendu, sans crisper les orteils,
Flâner en rêveur sans calcul ni intérêts.

Les cailloux du chemin résistent aux semelles
Et les ronces griffues accrochent les bretelles.
La forêt résistante écarte les dandys,

Promeneurs timorés des passages couverts
À grilles de fer-forgé ; aux marchands d'objets divers,
Aux bourgeois citadins, aux courtiers alanguis...

47 Fédérateur prestige
Lundi 6 Avril 2020

Quel prestige est plus fédérateur
Aux dircoms des vertus tracassières
Que celui d'esthète des poussières ?
Quel plaisir qu'un bel aspirateur !

Qu'y a-t-il de plus beau qu'un moteur
Qui vrombit dès l'aube, agit et fonde
Une ère nouvelle, un nouveau monde ?
Règne vif du noble aspirateur !

Quand l'âme s'engloutit tracassière
En l'antique parfum de poussière,
Vouons-la au grave aspirateur !

Sentons-nous l'inspiration venir ?
Sans laisser la muse intervenir,
Noble et preux, poussons l'aspirateur...

48 Le plafonnier
Mardi 7 Avril 2020

La petite bête chante... imprévisible !
Tout était quadrillé, organisé, prêt,
Le plafonnier révisé, pas d'à-peu-près,
Tableau net et précis, planifié lisible.

La petite bête improvise... risible
Elle n'a rien prévu, s'amuse à-peu-près
Au hasard, en farceuse et sans faire exprès,
Parfois elle bricole ou pète un fusible.

Mais l'homme au tableau, très clair, a tout prévu,
Sauf cet art embrouillé rempli d'imprévu,
D'allure amateur et pas du tout moderne.

La petite bête improvise au grenier,
Une danse déboulonnée post-moderne,
Qui désosse et déglingue... le plafonnier.

49 Lueur fugace
Mercredi 8 Avril 2020

Cette lueur est fugace,
Instant d'une apparition,
Reflet d'une agitation,
De l'intraduisible espace.

Cette impression est muette,
Claire ou sombre elle se tait,
Reflets d'or dans la futaie,
Fouillis de feuilles fluettes,

Souvenir à gravure intense
Qui vit qui passe et qui pense,
Car son lexique est variant.

Pensée fluette et fugace,
Éblouissante qui passe,
Danseuse aux lueurs d'orient.

50 Sujets du Baccalauréat
Jeudi 9 Avril 2020

La méthode outrancière est-elle une élégance ?
L'artiste n'exagère-t-il pas le croquis
Griffonné par l'errance du coeur du marquis ?
La pensée débonnaire est-elle une cadence?

Quand la caricature est-elle une dentelle ?
Est-ce une culture où l'engrenage édenté
De l'âpre rature a des chances d'augmenter ?
L'opiniâtre lecture est-elle une bretelle ?

Le harpiste doit-il écarquiller ses cordes ?
Le pianiste doit-il éviter qu'on s'accorde ?
La portée débonnaire est-elle une cadence ?

La nature élabore en hiver son croquis ;
La fleur qu'on arbore est-elle philanthropie ?
Le rythme littéraire est-il extravagance ?

51 Le prochain épisode...
9 Avril 2020

Le prochain épisode est-il déjà écrit ?
Y trouvera-t-on des prouesses surhumaines ?
Des bateaux déglingués des tas d'énergumènes ?
Des filles en Louboutin, des autos derniers cris ?

Le prochain épisode aura-t-il la saveur
Des films en noir-et-blanc, où le vieux phonographe
Joue du jazz, du tango, pour un grand cartographe
Qu'une actrice amoureuse adopte par faveur ?

Le prochain épisode aura-t-il d'athlétiques
Danseuses en tutus, aux amours pathétiques,
Aux vertigineuses danses remplies d'esquives ?

Le prochain épisode aura-t-il d'improbables
Rebondissements au suspense incalculable ?
Ce fameux épisode... ...faut-il que je l'écrive ?

52 La prochaine aventure...
9 Avril 2020

La prochaine aventure est-elle imaginée ?
Ai-je écrit son plan, sa structure étincelante ?
Ses inventions, son absurdité palpitante ?
Ses gentils, ses méchants, la princesse animée

D'une foule d'idées saugrenues fantaisistes
Dans un château rempli de tas d'antiquités
De monstres en papiers plusieurs fois dupliqués,
Achetés à des clowns chinois et trapézistes,

Des meubles, des tableaux, des miroirs, des sculptures,
Des livres rangés dans l'armoire aux confitures,
Des collections de timbres et de vieux chapeaux ?

Ce conte épicé d'épatantes créatures
Rebondira dans sa formidable ossature
Des souterrains jusqu'aux lucarnes du château...

53 Dans la sombre forêt...
Vendredi 10 Avril 2020

Dans la sombre forêt des Ardennes
On entend un froissement: des pas...
Homme ou bien chimère ? on ne sait pas...
Frissonnement ou frayeur soudaine ?

Perdu loin des lisières urbaines,
Tu cherches dans l'ombre où vont ces pas...
Merle ou bécassine ? on ne sait pas...
Quelle est cette présence incertaine ?

Tu philosophes tu songes, l'arbre ?
Son écorce ressemble à du marbre...
Quelle source explore ses racines ?

Onirique un cheval se dessine
C'est Bayart celui des fils d'Aymon,
Il galope en chantant « Bécassine ... »

54 Passion...
Vendredi 10 Avril 2020

Bach, bédoublevévé, deux-cent-quarante-quatre,
Cette superbe passion selon Saint Matthieu...
Rencontre en multiples entrelacs mélodieux
Du rythme sûr d'un cœur qui ne cesse de battre...

De l'alternance des flûtes, du violoncelle
Sublime, naît soudain, l'aria pour voix d'alto :
Dense, intense, infini, fantastique tableau.
L'orchestre reprend et déchaîne, exponentielle,

L'averse d'airs merveilleux que Bach enchevêtre
Dans une forêt où l'on aime disparaître,
Sonore harmonie d'un paysage imprévu...

On y découvre ébloui l'art dont on s'entiche :
L'envoûtante émotion de l'air « Erbarme dich »
Enthousiasme par son vertige inattendu...

55 Toi qui lis ces lignes...
Samedi 11 Avril 2020

Sans doute n'es-tu pas Bovary, prénom : Charles ?
Tu contemples joyeux, les rues, coeur allégé.
Tu n'es pas englouti, victime, acteur piégé...
Toi qui lis ces lignes c'est de toi que je parle...

La gaieté d'un moment, le plaisir d'un vieux livre,
Le charme inattendu d'un rendez-vous manqué,
La lecture amusée d'un article tronqué,
Cela t'enchante et stimule ta joie de vivre...

Le spectacle des vies est un riche opéra,
L'indéchiffrable est une clé qui t'ouvrira
Au bout de ta patience un esprit allégé.

Tu ne t'appelles pas Bovary, pas non plus Charles...
Rythme incisif, l'oeil vif... lecteur... jamais piégé,
Tu converses tu t'amuses, tu ris, tu parles...

56 Projection
Dimanche 12 Avril 2020

À chaque aube nouvelle,
Explorant l'estampage
Tu rêves d'un langage
Que l'exquis renouvelle....

Allégé par la plume
Qui flotte en déshérence
Tu explores l'errance
Que l'assonance embrume...

Du poussiéreux collage,
Égaré bricolage,
Tu extirpes, cisèles,

L'insolite engrenage
Qui projette une image
Excentrique et nouvelle...

57 Jan-Pieterszoon Sweelinck (1562-1621)
Lundi 13 Avril 2020

Jan Pieterszoon Sweelinck, à chaque aube nouvelle
Par ses fantaisies : labyrinthes musicaux,
Offre aux curieux qui s'attardent à leurs échos,
Des voyages subtils que l'oreille renouvelle.

Sweelinck a plus de quatre cent cinquante automnes.
Mais son ouvrage offre à l'auditeur des joyaux :
Musique née d'Amsterdam, rythme effets spatiaux,
Jan-Pieterszoon Sweelinck surprend l'écoute, étonne.

Ses oeuvres élaborées pour ce gigantesque
Orgue à tuyaux sont rosace à joyaux dantesques,
Finement ciselés, dans l'antique langage :

Celui de l'art d'autrefois, d'auguste science,
Variations infinies, reflets de rutilances
Qui font surgir baroque un surprenant feuillage...

58 Cygne indifférent
Mardi 14 Avril 2020

Un cygne indifférent nage en miroir,
Ses palmes remuent l'onde et lui dérive.
Silhouette redoublée vue des rives
Va et vient, coulissant, comme un tiroir...

Il ne connait pas les lois de l'optique.
Chef hautain, constate qu'il flotte, fier,
Chef aujourd'hui, chef demain et chef hier...
Il ignore son reflet synoptique...

Ne philosophe pas sur l'invisible.
Il patauge ignorant, bête, impassible,
Il ne sait pas ce qu'il doit au soleil...

Il n'a pas étudié l'astronomie,
Dans l'étang, prétentieux, sans bonhomie,
Des deux palmes, il pagaye... il pagaye...

59 Extravagante légende...
Mercredi 15 Avril 2020

L'espace inconnu s'étalant sous nos yeux vibre.
Est-ce de vie ? est-ce de chaleur ? quel endroit...
L'arbre feuillu frissonne... ce manoir hongrois
Muraille dans les feuilles, semble en déséquilibre...

Dressé devant son porche un poteau électrique,
Agitant ses fils balancés par le simoun,
Est bavard comme un pantin qui jouerait au clown.
La façade est baroque à forme asymétrique.

Ses larges fenêtres s'ouvrent aux courants d'air,
Les carreaux cassés sifflent, souffle légendaire,
Leur triste fable extravagante, intarissable.

Dans cette légende, une princesse exotique
Chavira-t-elle pour ce guignol fantastique
Dont ce poteau serait le spectre impérissable ?

60 Orphée otage de l'opulente onctueuse
Jeudi 16 Avril

L'opulente Oréade ose, opiniâtre outrage,
Obéir outrancière à l'ombrageux oukase
Oscillant l'orteil où l'ostentatoire occase
Ourdit l'opprobre oppressif d'Orphée en otage.

« Où ai-je oublié l'or, l'oxygène opérable ? »
Orchestre Orphée ouvertement outrecuidant,
L'onirisme optimiste d'Orphée, orientant
L'opportune outre où l'or omis s'ôte oubliable.

Oppressé d'Oréade, oublié, outragé,
Orphée, otage, orne une œuvre d'or ouvragé,
L'Ornemental opportun ouvre l'orageuse...

Orphée œuvre, orateur onomatopéïque,
L'optative opératoire onirologique.
Onze ondoyantes l'ovationnent onctueuses.

61 Un poète hypothétique
Jeudi 16 Avril 2020

Écrivant peu, lisant mal, assez peu studieuse.
Suivant la route indiquée par ses Louboutins,
Une riche héritière élégante et pluvieuse
Décida d'obéir à son basique instinct.

Par appétit plutôt que par raffinement
Elle aurait voulu parvenir au poétique,
Elle décida sans l'ombre d'un vacillement
De prendre en otage un poète hypothétique...

Hélas elle en ignorait tout n'ayant jamais
Ouvert un livre et rien de ce qui s'imprimait
Où prendre en otage un poète hypothétique ?

Elle en trouva un, dans le métro, par hasard.
Il cherchait la rime attentif comme un lézard,
Pour la surprendre en sage au rythme poétique...

62 Sois danse...
Jeudi 16 Avril 2020

Reste impassible
Sois dans le vent
La vie d'avant
Est impossible.

L'avis du vent
Au temps instable
Est rythme ou sable
Sois dense au vent !

La vie d'avant,
C'était au vent
Du temps des fables.

Sois sable au vent,
D'arts ineffables,
Sois danse au vent !

63 Les écrans publicitaires
Jeudi 16 Avril 2020

Les écrans publicitaires charmants bazars
Assurent que tout est prêt clamant, chaque jour :
« Soyez prudent, le soir nettoyez l'abat-jour »
Cette rhétorique est utile aux Beaux-Arts.

Tout y est subtil, découpés en plans baroques,
Rythmé, scandé, taillé, coupé, cousu, brodé
Un discours calibré, équilibré, rodé,
Sans un obsolète ou préhistorique auroch.

Rythmez, scandez, taillez, coupez, cousez, brodez
Vos masques calibrés, aux normes dorées,
La haute-couture fait partie des beaux-arts.

Admirez la cadence aux syncopes baroques,
Tout est moderne adorable et pas un auroch
Pour enlaidir nos publicitaires hasards...

64 La muse...
Vendredi 17 Avril 2020

Écrivant mal, de l'alexandrin peu studieuse,
Contemplant la route indiquée par l'art lointain
Parfumée, prête, une fleur de lilas, railleuse,
Décida d'obéir à son basique instinct.

Par appétit plutôt que par raffinement,
Par caprice et désir d'une âme poétique,
Elle décida sans l'ombre d'un vacillement
De prendre en otage un poète hypothétique...

La fleur le captura dans son parc, par hasard.
Il cherchait sa rime attentif comme un lézard,
Pour surprendre en farceur la syncope esthétique.

La futile étonnée qu'à la rime il s'amuse,
D'un froissement apostropha le poétique.
Il la cueillit, s'enticha, l'appela sa muse...

65 Merci !
Samedi 18 Avril 2020

Travaux précieux d'où l'auteur puise pour nourrir
Son recyclage en feuilleton, ses épisodes.
Travaux heureux, moments d'action, aux antipodes
Des tristes platitudes qu'on voit accourir

Des écrans d'où surgit l'ennui la morne attente...
Moments précieux d'un confiné qui peut mûrir
Tandis qu'un musicien se décide à rugir
Soufflant sans trêve dans sa fanfare éclatante.

Dans l'aube apparaît l'éboueur pince-sans-rire,
La couturière, arborant son large sourire,
Vient lui offrir un masque au riche rembourrage...

Pour vous qui rythmez, marquez ces instants précieux ;
Actifs qui réparez, soignez en audacieux ;
J'écris : « Merci !!! pour votre travail !!! bon courage !!! »

66 Lanterne magique
Dimanche 19 Avril 2020

Tout le monde imagine, invente et songe, écrit...
Tout le monde a le droit de poursuivre sa plume,
Celle qui noircit les feuilles en vaste volume,
Celle qui tourne en baroque une asymétrie...

Je suppose que tu as une table : écris !
Tu te souviens de tes jeux d'enfants, ta superbe
Lanterne magique, un tourbillon s'exacerbe,
Les images s'animent, sans ordre sans tris...

Elles ne s'égareront pas les pyramides
De ton enfance aux feuilletons océanides,
Soif de danser, dessiner, entendre et comprendre...

Si ta flamme lanterne au charme irrésolu,
Prends le temps de rêver, de te laisser surprendre,
Ta plume te prépare un conte farfelu...

67 Relie
Lundi 20 Avril 2020

Écris, relie
Les bris du monde.
L'amer s'émonde,
L'esprit relit.

Évite un rythme
Mal dégrossi.
Intègre aussi
Ton algorithme.

Nettoie l'emphase
Relie ta phrase
Aux fruits du monde.

Relie, amuse
La fleur qui muse.
Brise l'immonde...

68 Silhouette étincelante...
Mardi 21 Avril 2020

D'où viens-tu silhouette étincelante?
Quelle errante énigme es-tu tutélaire?
Où va ton insolite itinéraire ?
Et ta lyre qui tinte intimidante ?

Quel est ton nom féminine ineffable?
Pourquoi es-tu muette étourdissante ?
Es-tu sculpture en glèbe éblouissante ?
Statue qu'un astre scinde indiscernable ?

Quel est ce phénomène énumérable ?
Que signifie ta lyre irrémédiable ?
Pourquoi bégaie ta langue engourdissante ?

Pourquoi ta chanson feinte intarissable
Résonne dans l'espace assourdissante ?
Viendrais-tu de l'Olympe impérissable ?

69 La fleur espère...
Mercredi 22 Avril 2020

La sentinelle abrupte ignore les lapsus...
La manivelle absurde active ses rébus
La manigance brève bricole un gibus
La conséquence est assise dans l'omnibus.

L'erreur est humaine et la perfection rumine
La fleur éphémère espère exige et fulmine
L'autocrate brandit l'exigence orpheline.
L'errance est humaine et la claustration domine...

La manigance agit, la perfection fulmine.
La manivelle exigeante arrime et domine,
Et l'autocrate entêté, conduit l'omnibus.

La sentinelle éprouvée, mais cloîtrée rumine.
La conséquence épanouie, vibrante domine.
La fleur espère, exprime un lapsus en rébus.

70 Carnaval d'après guerre
Jeudi 23 Avril 2020

Le froissement des esprits ne s'entend pas
Chacun discute et sourit les mots s'ensablent
L'apéritif est fini certains s'attablent
Les serveuses multiplient, lestes, leurs pas.

La conversation s'enlise en ribambelle,
Les mots fusent aiguisés, vifs, insolents ;
Ils s'emmêlent sous les masques, pantelants,
Pour composer leur confuse ritournelle.

Les élégantes dominent, inventives,
Les tristesses d'après guerre, impératives,
Carnavals bruissants où flottent leurs exploits.

Venise émerge en troublantes ritournelles,
Les esprits se froissent, plient, se tordent ploient,
Les faces masquées blaguent sempiternelles...

71 L'évanescent
Vendredi 24 Avril 2020

La fatigue à la fin nous embrouille...
La fenêtre ouverte aux chants d'oiseaux
Ne dénoue rien de nos écheveaux...
Dans la rue la police patrouille...

L'automobile inspecte et farfouille,
Cherchant l'évanescent Cyrano
De Bergerac, rimeur parano,
Utopiste hasardeux aux bafouilles

D'art amphigourique acidulé.
On dit qu'il serait dissimulé,
Dans les rayons de la supérette

Ou dans la foule inarticulée,
Braconnant la rime accumulée...
Crime horrible... infraction d'opérette...

72 Décris le paysage !
Samedi 25 Avril 2020

« Oh les charmants remparts, ô les divins faubourgs »
Me disait en marchant un sage conseilleur,
Bavard incessant, aimant jouer l'éveilleur
« Décris le paysage et t'auras le Goncourt !»

Hors des remparts je décidai non sans frayeur
D'explorer en héros les sauvages détours,
Pâtures ignorées des urbains troubadours.
La plaine était déserte hostile au rimailleur.

Cependant courageux j'avançais... des vautours
Aux aguets d'une aubaine observaient mes détours
Leur cynique humour était vulgaire et railleur.

Je griffonnais en trois mots leurs allers-retours,
L'alexandrin rythmait leurs chants de ferrailleurs,
Soudain les vautours m'ont... piqué mon prix Goncourt...

73 Mélange en contraste
Dimanche 26 Avril 2020

Observe l'oeuvre des reflets sur les feuillages,
Mélange en contraste ombre et lumière en fouillis,
Partition éphémère, émouvants gribouillis,
Recoupe ton esquisse en mutins essayages.

D'une ébauche esthétique où surgit désirable
Un reflet qui rythme sa danse en distraction,
Charpente une bondissante décontraction,
Traduis ton légendaire en lexique chiffrable.

Tu bricoles baroque un assonant sableux,
Perméable aux rebondissements journaleux,
Car tu n'es pas le polygraphe Théophraste.

Si le sage qui grime son âme en rocher,
Pour les masques railleurs est gnome à décrocher,
Sois, plutôt qu'un silex, un danseur de contraste...

74 Écoute la fleur...
Lundi 27 Avril 2020

Pénombre âpre où le frelon bourdonnant menace...
Jour où l'ombre est propice aux murmures grincheux,
Aux colloques grisâtres remplis de fâcheux.
Instant vide où le morne alourdit ta besace.

C'est l'ombre lourde où le gestionnaire additionne
Les lundis déplorables, chiffres vétilleux
Qu'il faut mettre en tableau d'un regard sourcilleux,
Courbé sur la planification tatillonne...

Les lundis sont les roues des grinçants qu'aigre visse
De sa clef à molette à l'humeur écrevisse.
Ensuite il faut cinq jours pour tout déboulonner...

Quand le lundi maussade alourdit ta besace,
Ne laisse pas le frelon te désarçonner,
Écoute la fleur à la poésie tenace !

75 Tableau rustique
Mardi 28 Avril 2020

Le chou-rave à l'allure insolite interstellaire,
L'oseille, le pâtisson, l'ail, le potiron géant,
L'oignon pyramidal et le potiron turban,
Le melon noir des carmes, la courge sucrière,

Le salsifis noir, le salsifis blanc l'échalote,
Le céleri rave et le pois serpette étonnants,
Le piment long et le piment carré fulminants,
Le navet long, le navet rond, le chou, la carotte,

La carotte ronde et la carotte potagère,
Le topinambour, la betterave fourragère,
La betterave à sucre, à salade et le chou-fleur,

La chicorée frisée, la scarole et le poireau...
Par dessus un château d'eau s'élève l'air faraud
Et, masquant le château, gesticule un arbre en fleurs...

76 Brasser...
Mercredi 29 Avril 2020

Quand les carreaux de l'office accueillent
Les zébrures du monde affolé
L'orage électrique et bariolé
Songe à la branche où les fruits se cueillent...

Quand le rythme des jours t'amenuise,
Quand l'horloge à la lune scintille,
N'oublie pas ce regard qui pétille
Qui danse et rythme où l'humour se puise.

Quand l'ambulance éclate en sirène,
N'oublie pas la figure sereine
Invitant à sourire, à brasser...

...Brasser les regards qui se souviennent,
Brasser la danse aux mots qui reviennent
Brasser la saudade embrasée...

77 L'amateur qui croque...
Jeudi 30 Avril 2020

L'amateur qui croque griffonne, ouvre hasardeux
La joute entre le rêve et l'épaisse matière...
Superbe balancement d'ombre et de lumière.
L'ennui formidable a ses techniques ses jeux.

Cisèle tes brouillons, c'est un art sidéral !
Un combat entre l'ornière et la diligence,
Invitant l'embourbé à rêver d'exigence.
Cet art est un dirigeable ivre d'idéal...

C'est un sport impossible au terne hexagonal,
Au buveur d'épouvante auditeur de journal.
Contemple en rêveur l'ombre agitée des bernés !

Ton croquis démodé deviendra muséal.
Prononçable il vivra haut-parleur idéal,
Se savourera rythme... art vif, les yeux fermés.

78 Soyez Mai...
Vendredi 1er Mai 2020

Quand le sombre est pesant, soyez plume légère...
Si vous vivez près d'un merle artiste écoutez !
Pas un son, pas un chant qui ne soit à couper,
Tout est juste et fécond, tout inspire et suggère.

De ce chant singulier surgissent vos figures...
Vous sombrez dans un monde ordinaire ? élaguez !
Pas un fil, pas un trait ne doit peser, blaguez !
Raccommodez votre rythme aux désinvoltures.

Vous êtes un oiseau potentiel, respirez !
Aucun chant, aucun mot ne doit peser : vibrez !
Le verbe est désinvolte il entraîne il suggère.

Quand la grimace est éreintante écoutez juste
La rime merveilleuse au rythme qui s'ajuste
Soyez Mai, rêve et veilleuse à plume légère...

79 L'arbre inquiet
Samedi 2 Mai 2020

Je suis l'arbre inquiet qui proteste au crépuscule
Je brandis mon branchage à la brise étonnée,
J'abrite par hasard la mésange obstinée
Qui ne sait pas écrire et rythme en majuscule.

Elle illustre un riche album du discontinu,
Rythme abstractif à l'impalpable frénétique,
À l'accent mélangé de patience esthétique,
Traçant monolingue un dessin du fruit ténu.

Ce n'est pas l'oiseau qui racontera l'histoire
De ma croissance absurde un peu contradictoire.
Ce soir c'est le vent qui syncope en majuscule.

J'absorbe aiguisé l'ambigu langage artiste,
De ce vent hébété, radoteur dirigiste,
Je suis l'archet du vent qui vibre au crépuscule.

80 La Rumeur
Dimanche 3 Mai 2020

Sur la place ombragée la rumeur en parlait.
Les serruriers blêmes dans la rue sans mémoire
S'activaient à ouvrir la porte à marque noire.
Alors paraît la dame à jupe sans ourlet.

Ignorant les rumeurs souriant l'air mutin,
La figure épuisée de conter son histoire,
Elle absorbe muette une vie transitoire.
Elle est pauvre attentive, étonnée du matin.

Elle est pauvre et se tait mais ses voisins bavards
L'ont dénoncée aux policiers, chasseurs blafards
Du troupeau morne aux commérages laminoirs.

Parfois pour danser elle ouvre son gramophone
Qui brasse superbe un free-jazz au saxophone.
Ils ont forcé sa porte étrillée de traits noirs...

81 Ils sont humains...
Lundi 4 Mai 2020

Ils sont humains faibles fragiles,
Ils sont savants et rationnels,
Ephémères exceptionnels,
Techniciens fiers, adroits, habiles.

Ils sont fatigués, rêveurs, vifs
Ils sont perdus labyrinthiques,
Ils sont danseurs souples rythmiques,
Ils sont héroïques, naïfs...

Ils sont chercheurs, explorateurs,
Et spectateurs admirateurs,
Virtuoses et puis candides...

Ils sont terriens agriculteurs,
Inattendus, innovateurs,
Ils sont enthousiastes, splendides.

82 Danse fugitive
Mardi 5 Mai 2020

Surprenante audacieuse à danse fugitive
J'admire ton rythme rebelle, sans raison.
Ton hasard est superbe et ton geste à foison
Exprime ses éclats de diapositive...

Depuis que le bitume à l'ire appétitive
Veut s'acoquiner ton rêve en vaines saisons
J'explore tes hasards et leurs combinaisons
Je ne sais si ta copie est compétitive.

Sur l'écran tu t'étioles d'être imitative...
C'est dans l'étendue sauvage imaginative
Que tu laisses jaillir ton miracle à foison.

Tu joues d'un art rebelle et tu fuis suspensive,
Tu flamboies d'un sourire et superbe intensive,
Tu élances ta danse, espiègle en floraison.

83 Ce que reflète une table...
Mercredi 6 Mai 2020

Ce que reflète une table est-il transparence?
La fable y est comme y est le sens, épaissi.
Une sirène y chante peut-être un récit,
Dans sa flaque à l'incroyable luminescence.

Dans la flaque une feuille blanche se dissout,
D'abord elle est grisâtre ensuite elle est dissoute,
Elle resplendissait, noircie d'encre en déroute
Une ébauche étonnante y contait les dessous...

Les dessous de la lumière éclairant le monde
Les dessous tautologiques d'une bille ronde
Les deux sous que m'ont coûté cette obsolescence.

L'aède sous la phrase au style épouvantable,
L'aide sous l'alexandrin noyé sur la table,
Les dessous d'une encre liquide en transparence...

84 L'autocar est parti...
(art poétique)
Jeudi 7 Mai 2020

« Quand l'astuce est polie l'alexandrin scintille,
Quand l'académisme ordonne il ploie sous l'emphase,
Quand l'urgence est brouillonne il se noie dans la phrase... »
L'autocar est parti !.. le poète écarquille

Ses yeux abasourdis : « Comment est-ce possible ?
Je lisais attentif, mes vieux sémioticiens,
Concentré méthodique écoutant les anciens,
Ponctuel sur mon banc mais ce bus impossible,

Se débine en ferraillant... Saperlipopette !
Se permet d'être irrespectueux du poète,
Se permet d'oublier le lecteur philosophe !

Quand le bus disparaît, le poète bouillonne,
Quand le bus est pressé, l'alexandrin rayonne,
Quand l'autocar s'enfuit le poème s'étoffe... »

85 Le poème oublié
Vendredi 8 Mai 2020

Le poème oublié dans un tiroir
Restera ce long travail impossible,
Ne sera pas ce célèbre illisible
Qui sur le monde éprouve son miroir...

Ce célèbre impossible éblouissant,
Ce célèbre impossible, en quatre strophes,
Qui célèbre impassible l'apostrophe
D'un inarticulé, fort coulissant.

L'absurde issu d'un trombone à coulisse,
Dissimulé dans la sombre coulisse...
Tandis que sur scène en mille répliques,

Les acteurs aux traits rapides s'élancent ;
Leurs vives phrases surgissent et dansent ;
Toi, toujours arasant, tu les compliques...

86 Le poème oubliable
Samedi 9 Mai 2020

Un poème oubliable
Est juste un texte écrit
À l'encre, manuscrit,
Sur papier repliable.

Vous pliez le papier,
À peu près en triangle.
En choisissant votre angle,
Vous le lancez entier,

En direction du vent.
Il arrive souvent,
Avec délicatesse

Qu'oubliable il s'envole
Et puis qu'il disparaisse,
Désinvolte et frivole...

87 Surgissant déguisés
Dimanche 10 Mai 2020

Ces acteurs mettent en scène une antique armoire.
Surgissant déguisés, disparaissant soudain,
Bondissant rigolards d'un carnaval badin,
Leur dantesque théâtre anime ta mémoire.

Embrumée c'est une autre époque, un âpre temps
Qui ressurgit de ces couleurs, de leur mélange.
Une histoire y scintille d'un picaresque étrange
Où rejaillissent les fleurs d'un autre printemps.

C'est tragique ou comique, insolite ou précieux,
C'est vaste ou contagieux, monumental, spacieux,
Coloré comme un songe aux ressorts mécaniques.

Leur trépidant voyage au rythme des breloques,
Leur discussion foisonnante aux accents baroques,
Régénèrent l'esprit en déhanchés comiques...

88 Savourons sa vive gazette...
Lundi 11 Mai 2020

Cette année la moitié de Mars
Avril entier, un tiers de Mai
Ont eu l'allure d'un plumet
Déplorable aux vides épars.

Du bruit des masqués ineffables
Des âpres chasseurs de microbes,
Toreadors agoraphobes,
La mésange a tiré ses fables...

Mars à Mai fut-il incoiffable ?
Faut-il brosser de l'infroissable ?
Puiser l'ennui à l'épuisette ?

Écoutons chanter la mésange,
Savourons sa vive gazette,
Qui brille d'un homérique étrange...

89 Vertigineux
Mardi 12 Mai 2020

Ce sonnet distingué n'est rien.
Il aimerait être un peu rustre,
Causer des pavés mais, illustre,
Il se pavane, hautain, terrien.

Ce texte imprimable inutile
Est vertigineux, vaniteux.
Il se vante d'être coûteux,
Couvert d'honneurs, il est futile.

Futile et terrien mais très noble,
Sans aucun prosaïsme ignoble,
Il mesure, arpente l'espace.

Il se vante d'être astrolabe,
Très fier de son octosyllabe,
Vertigineux mais peu loquace.

90 Les petits riens...
Mercredi 13 Mai 2020
en hommage à une bergère mozartienne de 1778

Pour être enfantine et mutine en inflexion,
Cette œuvre d'allusions se reçoit étrangère
Quand surgit la scène où tourbillonne une bergère,
Harmonique amusante et... kitsch... à réflexion.

L'allusive illusion peut-elle convenir
Pour renaître idyllique en intrigue inlassable ?
Ce perron très dansant que caresse le sable,
N'est-il que patinoire où sombre un souvenir ?

Ce désinvolte où dégringole une bergère,
Est-il œuvre poétique ou langue étrangère ?
Évoquons l'escalier, sa musique inégale...

La jambe idyllique aux divines inflexions
Dérape acrobatique en rythmiques flexions.
La foule applaudit l'escalier qui s'en régale...

Conclusion ?
Ils sont sous le chapeau
Jeudi 14 Mai 2020

Vides les mots sont vides pour ceux qui les vident...
Quand ils vibrent quand ils galopent en troupeau,
Ils ont du sens, plusieurs sens tirés du chapeau,
Par la poésie qui souffle où les sens résident.

Ils sont sous le chapeau, mais vibrent dans tes phrases,
Dans tes discours, tes ébauches et tes défis
Ils flottent parfois en style dense indécis,
Qui frotte et flamboie quand tu rêves, tu t'embrases...

Blêmes sont les mots blêmes pour ceux qui s'écrèment,
Riches sont les mots vifs pour tous ceux qui s'entr'aiment,
S'amourachent réjouis, choisissent... réfléchissent...

Fastes sont les mots vastes pour ceux qui sont fastes.
Quand tu cours en tous sens dans les sens enthousiastes,
Qui se cachent, surgissent, s'enfuient resurgissent.

Rondeaux
rédigés en vue d'enrichir la langue française de quelques néologismes[6].

---

6   Les néologismes de cette série n'étant que des inventions personnelles, ils doivent être utilisés avec la plus extrême circonspection étant donné leur probable caractère éphémère (sans doute réservé uniquement à ces rondeaux mais nul ne peut prévoir l'avenir).

1 L'architexture
Rondeau
Samedi 23 Mai 2020

L'architexture orne au soleil
L'ombrage, écrit sur le conseil
Des fleurs ornant l'arche à lecture
Qui conduit l'esprit, le structure,
Rêves de fleurs, sable au réveil.

Quand l'esprit lézarde en sommeil
Il invente, ordonnant l'éveil,
L'archétype à fruit de texture,
L'architexture.

Mais si ton style en longue veille
Te brode un rythme et t'émerveille
Il perce alors en ouverture
Un labyrinthe ivre en lecture
Où tu t'égaies quand te réveille
L'architexture.

2 La Coronavirussade
rondeau

La Coronavirussade est
L'épique antique où s'attardait,
Fuyant les virus en cascade,
Le rimeur de combat maussade.
En vingt, sur scène, on la scandait.

Ce drame où l'acteur se fendait
De railler pourquoi ça bardait
Creusait sa grimace en glissade :
La Coronavirussade.

Quand la recherche bégayait,
Quand l'ignorance déraillait,
Quand s'additionnaient les malades,
Quand tout défaillait en chamades,
Le poète ému hasardait
Sa Coronavirussade.

3 Le Déverstère
rondeau

Le déverstère est farce austère
Lecteur de Ronsard ou Voltaire
Auditeur de Bach ou Chopin
Misanthrope ou fier galopin
Oiseau vif ou coléoptère.

Misérable ou bourgeois prospère
Ou flûtiste en hélicoptère
Il se déverse en cabotin,
Le déverstère.

Sa mémoire est très forestière,
Esprit de paille ou bien de pierre,
Don Giovanni ou Arlequin,
À baluchon ou maroquin,
Chien de garde ou chat de gouttière,
Le deverstère.

4 Le Galibaudage
rondeau

Le Galibaudage est largesse
Provenant d'antique sagesse
Invitant à briller fougueux
Dans l'obscur souterrain rugueux
Pour mieux charmer la chasseresse.

Grognon devant la petitesse
Plein d'entrain pour la poétesse
Dans l'antre obscur il brille plein feux
Le Galibaudage...

Joyeux il combat la paresse,
Soyeux il combat la rudesse
Dans le désert il est juteux
Dans sa caverne il est verbeux
Il sait rimer pour la déesse
Le Galibaudage...

5 Le Grableau
rondeau

Le Grableau permet, philosophe,
De liquider la catastrophe.
Quand la chaloupe oscille dans l'eau,
Parmi de terribles rouleaux
Qu'on ne peut peindre en une strophe.

C'est une scène qui s'étoffe,
Brossée ou gravée d'apostrophe
Qui vous remplit le ciboulot,
Le Grableau...

Tout y est un peu limitrophe,
Tâche absurde ou labeur de prof,
En noir et blanc plein de sanglots,
À Nice ou à Fontainebleau,
Sous flotte ou gravé sur étoffe,
Le Grableau...

6 L'improvistobateur
rondeau

L'improvistobateur est vaste
Par ses qualités de gymnaste
Par son esprit perturbateur
Par son geste habile enchanteur
Virtuose épris du contraste.

Il ruse, il grise, âme enthousiaste,
Par ses reflets de cinéaste,
Il est hostile au rouspéteur
L'improvistobateur.

Il fait vibrer un rythme faste
D'un seul geste artiste il dévaste
La cohue des dévastateurs
Il fait danser les chahuteurs
Il sait dissiper le néfaste
L'improvistobateur.

7 Le Linguistofacteur
rondeau

Le linguistofacteur agit,
Il écrit simple et bref, rugit
Il invente et rédige affable,
Il légende explique la fable
Dépeint l'océan qui mugit.

Bavard mais jamais avachi,
Il sait du lexique assagi
Rythmer le tam-tam introuvable
Le linguistofacteur

Quand un mot se brise en hachis
Il découvre un sens élargi
Qui libère un intarissable
Qui badin pense l'impensable
Le sage avec lui ressurgit
Le linguistofacteur

8 La Mélotroitesse
rondeau

La mélotroitesse est sans art.
Son rythme est terne et tortillard.
Elle est cruelle et sans adresse,
Épicée d'indélicatesse,
Dissonante, étique, en retard.

Elle applaudit l'ordre pendard
Des soldats du pauvre étendard.
Bafouille sa musique en vitesse,
La mélotroitesse.

Quand surgit le bel Abélard
Elle le lui chante un air blafard,
Harmonisant, mesquine altesse,
Sa funèbre scélératesse
D'un accord raide et pleurnichard,
La mélotroitesse.

9 L'oeillardologie
rondeau

L'oeillardologie est science
Qui demande infinie patience,
Veut que l'on contemple, assagi,
L'écrit d'une oeillade au logis
Pour le relire en insouciance.

Elle affronte l'insignifiance
Elle observe sans impatience,
Elle est art qui rêve et choisit,
L'oeillardologie.

Quand survient l'aigre imprévoyance,
Claire elle improvise en conscience.
Elle apaise le cramoisi,
Et dissipe l'hideux moisi
D'un regard vif d'omniscience,
L'oeillardologie.

10 Le Perfectirapièçage
rondeau

Le perfectirapièçage est
Un artisanat de l'essai.
C'est un fertile bricolage,
Un art de l'esquisse au village,
Qui d'un geste amène au succès.

C'est un art à maigre budget
Que l'on pratique sans brevet,
Rencontre entre hasard et pliage,
Le perfectirapièçage.

Il jaillit parfois d'un reflet,
Qui surgit le long d'un trajet,
Dans le désastre d'un naufrage,
Ou dans le doute d'un blocage,
C'est un art du luxe au rabais.
Le perfectirapièçage.

11 La Quartelettoscillation
rondeau

La Quartelettoscillation
Est un air empli de passion
Qu'on chante à l'abri des tempêtes,
Aux muses à belles gambettes,
En cadence d'oscillation.

Elle exacerbe l'attraction
Par le rythme de sa scansion
Élégante en quarte coquette
La quartelettoscillation.

On la chante en swing, en quartette,
À quatre en salle ou en ginguette.
Elle alterne ivresse ou tension,
Humour orphique ivre en torsion,
Frictions rythmées, jeux de poète.
La quartelettoscillation.

12 La Sentenciosité
rondeau

La sentenciosité s'agace
D'être verbeuse et non sagace,
Bêcheuse de préciosités,
Outrant ses virtuosités...
Méfie-toi d'elle, elle jacasse...

Sans cesse elle embrouille et tracasse,
Elle alourdit, elle fracasse,
Discourt en sinuosité,
La sentenciosité

Elle ponctue ses carapaces
De pléonasmes trop loquaces,
Gonflés en nébulosité,
Sans aucune ingéniosité,
Elle est débordante et cocasse,
La sentenciosité.

13 Le talentusable
rondeau

Le talentusable est geignard,
Il travaille, en griffonnant tard,
D'une humeur de tigre il s'attable
Sur son discours insupportable,
Rédigé en style éteignoir.

Jeune homme, il est déjà vieillard,
Superbe, il s'embourbe en traînard,
Rattrapé par l'inéluctable,
Le talentusable.

Hier admiré des snobinards,
Aujourd'hui, la proie des poignards
De la critique inépuisable,
Il est démodé, récusable,
Troublé par tous les traquenards,
Le talentusable.

14 Le Volcanoscripteur
rondeau

Le volcanoscripteur, jovial
Imagine un roman fluvial,
Qui coule entraînant, éveilleur,
Sémillant, jamais racoleur.
Son style est superbe, alluvial.

Il éclaire intense, impérial
Le déglingué patrimonial,
Jaillissant, jamais réducteur,
Le volcanoscripteur.

Sans miracle aéronaval
Il fait jaillir un festival
Aux symphonismes bateleurs
Où s'aventurent fruits et fleurs
D'un symbolisme médiéval,
Le volcanoscripteur.

15 Lékriturinfini
rondeau

Lékriturinfini enchaîne
Le rythme à la rime prochaine,
Le dense aux embrouillaminis :
Danse à suivre aux rondeaux jaunis
Dont le suspense se déchaîne.

Elle amuse, essouffle à la chaîne
Le lecteur à l'ombre du chêne,
La lectrice au charme infini,
Lékriturinfini...

Elle écoute au bord de la Seine
Dans l'eau le chant d'une sirène.
Son esprit s'agrippe au tournis
Qui flotte en l'air comme un ovni,
Poétique agile et sans gêne,
Lékriturinfini...

Table des matières

Quatre-Vingt-dix sonnets..page 4

Prélude...page 5

1 Sur une île..page 6

2 Chaque nuit..page 7

3 Franz Schubert paparazzi...page 8

4 Ce mécanisme...page 9

5 Le chien fuit..page 10

6 En tricotant trois rien..page 11

7 L'Hypotypose..page 12

8 L'arbre est patient..page 13

9 Le choix d'Aphrodite...page 14

10 Le joueur de flûte..page 15

11 Ce type est un flâneur..page 16

12 Artiste...page 17

13 Extincteur de lumière...page 18

14 Carnaval..page 19

15 La Danse est un roman...page 20

16 Savoureux chenapan...page 21

17 Insolite aventure...page 22

18 Le musicien...page 23

19 La vie va...page 24

20 Sur terre...page 25

21 Fracture..page 26

22 Samba..page 27

23 Sans rythme de samba..page 28

24 Coronavirussade..page 29

25 Confinement...page 30

26 Crépuscule obscur...page 31

27 Le Couronné du Navet Rosse...................................page 32

28 Vermoulu..page 33

29 L'oeuvre..page 34

30 Déploiement..page 35

31 Synonyme disparu..page 36

32 L'Ouvre-Ombrelle...page 37

33 Salle de danse...page 38

34 Aube absurde..page 39

35 Dictée prisme d'imprévus...............................page 40

36 Rêve ouvert un soir...page 41

37 Vieux faussaire...page 42

38 Un rimeur est toujours....................................page 43

39 Sourire ?..page 44

40 Légendes reflétées..page 45

41 Sur un rythme de samba.................................page 46

42 Dandy de pacotille..page 47

43 Le rythme et la balance...................................page 48

44 Rebelle il roule..page 49

45 Et pendant ce temps la mésange......................page 50

46 Écouter le chant muet des feuilles...............................page 51

47 Fédérateur prestige..page 52

48 Le plafonnier...page 53

49 Lueur fugace..page 54

50 Sujets du Baccalauréat...page 55

51 Le prochain épisode..page 56

52 La prochaine aventure...page 57

53 Dans la sombre forêt...page 58

54 Passion...page 59

55 Toi qui lis ces lignes..page 60

56 Projection...page 61

57 Jan-Pieterszoon Sweelinck (1562-1621)...................page 62

58 Cygne indifférent..page 63

59 Extravagante légende..page 64

60 Orphée otage de l'opulente onctueuse.......................page 65

61 Un poète hypothétique..page 66

62 Sois danse..page 67

63 Les écrans publicitaires...........................page 68

64 La muse..page 69

65 Merci !..page 70

66 Lanterne magique....................................page 71

67 Relie..page 72

68 Silhouette étincelante..............................page 73

69 La fleur espère...page 74

70 Carnaval d'après guerre..........................page 75

71 L'évanescent..page 76

72 Décris le paysage....................................page 77

73 Mélange en contraste..............................page 78

74 Écoute la fleur...page 79

75 Tableau rustique......................................page 80

76 Brasser...page 81

77 L'amateur qui croque...............................page 82

78 Soyez Mai..page 83

79 L'arbre inquiet..page 84

80 La rumeur..page 85

81 Ils sont humains..page 86

82 Danse fugitive..page 87

83 Ce que reflète une table.............................page 88

84 L'autocar est parti....................................page 89

85 Le poème oublié......................................page 90

86 Le poème oubliable..................................page 91

87 Surgissant déguisés..................................page 92

88 Savourons sa vive gazette.........................page 93

89 Vertigineux...page 94

90 Les petits riens..page 95

Conclusion..page 96

Rondeaux rédigés en vue d'enrichir...............page 99

1 L'architexture...page 101

2 La Coronavirussade..page 102

3 Le Déverstère..page 103

4 Le Galibaudage...page 104

5 Le Grableau...page 105

6 L'improvistobateur..page 106

7 Le linguistofacteur..page 107

8 La Mélotroitesse..page 108

9 L'oeillardologie...page 109

10 Le Perfectirapièçage..page 110

11 La Quartettoscillation...page 111

12 La Sentenciosité..page 112

13 Le Talentusable...page 113

14 Le Volcanoscripteur..page 114

15 Lékriturinfini...page 115

Table des matières...page 117

© Pierre Thiry
(texte et photos de couverture)

Editions : BoD – Books on Demand
12/14 rond point des Champs-Elysées 75008 Paris
Impression : Books on Demand, Norderstedt, Allemagne

ISBN : 9782322233564

Dépôt légal : juin 2020